Loi 49956 du 16 juillet 1949,
sur les publications destinées à la jeunesse.
Dépôt légal : mars 2013
ISBN 978-2-211-20957-1

Mise en pages : *Architexte*, Bruxelles
Photogravure : *Media Process*, Bruxelles
Imprimé en Belgique par *Daneels*

Pour Théo
CKD
Pour Bonne Maman
P

Ma feuille !

Texte de Claude K. Dubois
illustrations de Pélagie

Pastel
l'école des loisirs

Télio aime sa feuille.
C'est son doudou préféré.

Dehors, tout lui fait peur.
Ohlàlà, même le vent
dans les herbes hautes
et le chant étrange des grenouilles !

Alors, il reste bien à l'abri
au fond de sa maison.

**Mais soudain,
un coup de vent
emporte la feuille
de Télio…**

Télio se risque au bord de la fenêtre.
Il cherche des yeux sa petite feuille.

«Reviens petite feuille!» crie-t-il.
Mais elle ne revient pas.
Parfois, les petites feuilles
ne sont pas très obéissantes...

Une mouche passe: «Bonjour, qui es-tu?
demande-t-elle. Je ne t'ai jamais vu.»

«Je m'appelle Télio, et je cherche mon doudou!»
«Tu veux que je cherche avec toi?» dit la mouche.

«Heu… oui, je veux bien.»

Et ils s'envolent tous les deux.

Ils rencontrent une coccinelle
qui se promène sur l'arrosoir.
«Tu n'as pas vu ma feuille ?» demande Télio.
«Une feuille ? Si. J'en ai vu passer une par là.
Je peux chercher avec vous, si vous voulez.»

Et ils partent tous les trois.

La mouche aperçoit quelque chose qui brille
dans l'étang, là en bas :
« Ce n'est pas ça, ta feuille ? »
« Non, moi je suis une libellule ! Et vous, qui êtes-vous ? »
« Moi, c'est Télio, et je cherche mon doudou ! »
« À quoi il ressemble, ton doudou ? »
« Ben… à une feuille ! »
« Je crois que j'en ai vu une dans le tas de feuilles
du jardinier. Venez ! » dit la libellule.

«OH ! Le gros tas !
Ma feuille est sûrement là.
Tu la vois ?»

Mais la feuille de Télio est introuvable !

Télio est triste.
La mouche, la coccinelle et la libellule
lui chantent une chanson.
Télio aime beaucoup "À la claire fontaine".

Il est un peu consolé,
pourtant sa feuille lui manque quand même.

«Il faut rentrer maintenant…
J'ai sommeil, moi», dit la mouche.

Sur le toit de la cabane de Télio,
ils découvrent la feuille.

«Oh, ma feuille!
Elle s'était posée là!»

Juste là.

Télio serre son doudou contre son cœur et s'endort.

Maintenant,
Télio a une petite feuille très douce à câliner…
et trois amis pour rêver !